AF382621

ENCUENTRA TRABAJO GRACIAS A LAS REDES SOCIALES

Cuida tu reputación en línea en Facebook, Twitter y LinkedIn

Por Noé Spies

Traducido por Laura Bernal Martín

Coaching 50MINUTOS.es

LINKEDIN, TWITTER Y FACEBOOK, HERRAMIENTAS DE BÚSQUEDA DE EMPLEO

- **¿Problemática?** ¿Cómo aprovechar las redes sociales cuando buscamos trabajo?
- **¿Utilidad?** Al optimizar tu uso de las redes sociales multiplicas tus posibilidades de encontrar trabajo a corto plazo.
- **¿Contexto profesional?** Búsqueda de empleo.
- **¿Preguntas frecuentes?**
  - ¿En qué redes sociales tengo que registrarme?
  - ¿Con qué redes tengo más posibilidades de darme a conocer?
  - ¿Todas las redes sociales son servicios gratuitos?
  - ¿Qué hago si no he estado presente en las redes sociales hasta ahora?
  - ¿Una gran implicación en las redes sociales me permitirá por sí sola encontrar trabajo?
  - ¿Realmente los reclutadores van a ver mis

<u>perfiles en las redes sociales?</u>
- ○ <u>¿Qué es la reputación en línea?</u>

¿Terminaste tus estudios y tienes tu diploma en el bolsillo? ¿Estás actualmente en paro y te gustaría encontrar trabajo lo antes posible? ¿Quieres darle un giro a tu carrera y cambiar de profesión? Si te encuentras en una de estas situaciones, tendrás que pasar por la etapa de la búsqueda de empleo.

Sin embargo, la época en la que bastaba con enviar el CV y la carta de motivación a un posible empleador ha quedado atrás. Hoy en día, muchos reclutadores no solo no se contentan con leer tu CV, sino que también buscan información sobre ti en redes sociales como LinkedIn, Twitter o Facebook. ¿Su propósito? Saber más sobre ti, sobre tus actividades y sobre tu personalidad.

Por lo tanto, cuidar tu presencia en estas redes sociales cuando buscas trabajo resulta primordial. Se recomienda estar presente y activo, pero no de cualquier manera. En este documento, te daremos buenos consejos para que optimices tu presencia en las tres redes sociales más utilizadas, LinkedIn, Twitter y Facebook, con el fin de atraer la atención de los reclutadores.

- 11 -

EL ABECÉ DEL SOLICITANTE DE EMPLEO EN LAS REDES SOCIALES

Las redes sociales son una mina de información sobre tu personalidad. La imagen que reflejas en ellas puede ser vista por tus amigos, por supuesto, pero también por los reclutadores. Sin embargo, cuando buscan trabajo, son muchos los solicitantes que descuidan su presentación en estas páginas, lo que a día de hoy puede resultar catastrófico. Sin embargo, si consigues sacar el máximo partido a tus perfiles de Facebook, Twitter y LinkedIn, puedes ganar muchos puntos a ojos de un empleador, y esto incluso antes de la entrevista. Se trata de herramientas ideales para ampliar tu red de contactos y crear nuevas oportunidades, por lo que es importante aprender a mejorar tu presencia en las mismas.

En esta guía encontrarás algunas reglas básicas, así como consejos y trucos que puedes aplicar para mejorar tu participación en las redes sociales. El objetivo no es otro que promover una imagen positiva y profesional de ti mismo, algo que, sin duda alguna, hará que tus posibilidades de encontrar trabajo se incrementen. Por el contrario, descuidar este aspecto puede situarte en desventaja en relación con otros candidatos.

SÉ VISIBLE, MANTENTE ACTIVO E IMPLÍCATE

Uno de los grandes errores que cometen muchos solicitantes de empleo es, simplemente, no ser lo suficientemente visibles en la red. Hoy en día, sin embargo, es esencial registrarse en las principales redes sociales cuando se está en esta situación. Por supuesto, no te recomendamos que reveles en ellas toda tu vida personal, sino que demuestres que eres una persona sociable e implicada profesionalmente. No esperes al final de tus estudios para ponerte manos a la obra. Lleva tiempo, así que trata de mantenerte activo a lo largo de toda tu formación y después mantén unos mínimos.

Las redes sociales te dan la posibilidad de configurar una gran cantidad de parámetros de privacidad. Así que no tienes excusas: el que muestres algo u ofrezcas unos datos en las redes sociales significa que quieres que todo el mundo lo vea... ¡incluyendo los reclutadores!

- En Facebook y en Twitter, puedes decidir si quieres que tus fotografías y tus estados sean públicos o no.
- En LinkedIn, está en tus manos que la descripción de tu trayectoria profesional sea al mismo tiempo clara, pertinente y atractiva. Eso sí, nunca dejes de ser tú mismo. No sirve de nada intentar vender cosas de ti que no son ciertas, ya que los reclutadores se darán cuenta enseguida durante la entrevista.

Estar involucrado y ser activo con el objetivo de encontrar trabajo no significa que tengas que cambiar tu foto de perfil de Facebook cada dos días o compartir el último vídeo viral que te hizo reír. Se trata de demostrar que estás mínimamente comprometido en el ámbito en el que buscas trabajo. ¿Estudiaste periodismo? Comenta noticias, comparte información, sigue a personas, revistas o periódicos que te interesen. ¿Quieres convertirte en arquitecto? Haz clic en «Me gusta» en las páginas de los grandes arquitectos que te inspiran, los despachos de arquitectos que te hacen soñar, interactúa con expertos en blogs especializados, etc. Sea cual sea tu especialidad, ¡desvela tus intereses y tus compromisos!

- Interactúa con las empresas a las que te gustaría unirte algún día;
- Participa en grupos que correspondan a tu sector de actividad;
- No dudes en hacer contribuciones dejando opiniones o comentarios, siempre y cuando estos sean constructivos.

PEQUEÑO PLUS

Tienes que recurrir a las redes sociales para promocionarte, para interactuar con los reclutadores y para demostrar que estás interesado en un campo en particular. En resumen, para demostrar tu motivación para encontrar trabajo.

En las redes sociales, eres el único capitán a bordo. Tú eres el que lleva el timón, así que conviértete en tu propio embajador. ¿El propósito? Ser visible para construir una red. Un candidato que es visible y participa en su campo de actividad obtendrá fácilmente una ventaja sobre un candidato inactivo.

CONSTRUYE TU RED

Es la piedra angular del solicitante de empleo, ya sea por internet o a través de otro método. Es obvio que las redes sociales no te ofrecerán trabajo en un abrir y cerrar de ojos, pero te darán la oportunidad de ponerte en contacto fácilmente con gente influyente en el entorno en el que buscas empleo, algo que quizás no puedas lograr en la vida «real». Por lo tanto, se trata de una oportunidad que merece la pena aprovechar. Sin embargo, para lograr tus objetivos y construir una red bien conectada, hay que saber cómo hacerlo. He aquí algunas maneras de crear enlaces relevantes y conectarse más fácilmente con personas clave.

El primer paso es buscar gente que conozcas. Uno de tus profesores o alguien que conociste durante tus prácticas, por ejemplo. O incluso tus amigos de la universidad. Así, construyes una primera pequeña red de profesionales basada en las personas que ya conoces.

Amplía tu círculo

A continuación, el propio principio de la red te

permitirá conectarte con otras personas: los contactos de tus contactos, que están en el mismo sector de actividad. LinkedIn, por ejemplo, sugerirá personas de contacto en función de las palabras clave en tu perfil. Obviamente, sería contraproducente añadir con los ojos cerrados a todo el mundo. Trata de establecer, especialmente al principio, un círculo de contactos de calidad.

ATENCIÓN

El mayor error sería dormirse en los laureles. Una vez hayas creado tu pequeña red, tendrás que mantenerla. Habla con la gente, da tu opinión de forma pertinente. Cuanto más activo estés, más personas de tu entorno te tendrán por alguien motivado.

Menos jerarquía: ¡aprovéchalo!

Las redes sociales tienen la ventaja de reducir enormemente todas las relaciones jerárquicas. Todo el mundo está casi en pie de igualdad. Y este elemento es esencial, ya que te permite ponerte en contacto fácilmente con gente influyente y así tener la oportunidad de hablar con algunos reclutadores.

Dar y recibir

Ve tu actividad en Facebook, Twitter o LinkedIn como interacciones que te permiten ofrecer servicios a tus contactos y, a su vez, recibirlos. ¿Uno de estos contactos hace una pregunta y tú conoces la respuesta? No esperes más y contéstale. Al establecer vínculos de confianza, tú también sales ganando. El objetivo es mantener todo lo posible los contactos que has creado. Los miembros de tu red sabrán entonces que pueden contar contigo y te devolverán el favor cuando la ocasión se presente. ¡Has ganado!

Infórmate sobre las empresas

Las redes sociales constituyen una fantástica manera de posicionarte profesionalmente, pero eso no es todo. Para que tu negocio en línea sea eficaz, también tienes que aprender sobre las empresas. Facebook, Twitter y LinkedIn son herramientas muy interesantes para este propósito.

Una buena forma de estar al día de las novedades de tu sector consiste en navegar por las páginas de Facebook o las cuentas de Twitter de las empresas que te interesan haciendo preguntas de interés en público, por ejemplo. A largo plazo, este trabajo de seguimiento e investigación, aunque no sea visible directamente, dará sus frutos. Estarás en una mejor posición para entablar un diálogo significativo con tus contactos de red, y estarás mejor informado sobre los proyectos y las organizaciones de las empresas.

Entre un candidato que se queda en su burbuja y un candidato que conoce las últimas noticias de su sector, la elección del reclutador es sencilla.

- En Twitter es muy fácil informarte sobre tu ámbito. No tienes más que hacer una búsqueda por palabras clave y te aparecerán directamente personas o empresas de tu sector.
- A continuación, puedes hacerte una idea de los valores defendidos por determinadas empresas. Así, podrás pulir tu manera de presentar tu candidatura.

INTERESA A LOS RECLUTADORES

Crearse una red y acumular los datos de las empresas que te interesan no es todo: también tienes que llamar la atención de los reclutadores. Tu objetivo principal sigue siendo encontrar un empleo y, para ello, te ofrecemos cinco reglas de oro.

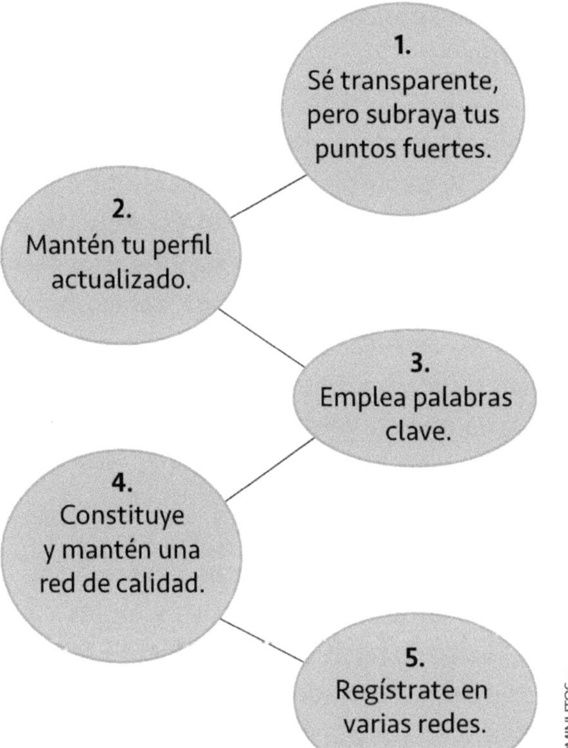

1.
Sé transparente, pero subraya tus puntos fuertes.

2.
Mantén tu perfil actualizado.

3.
Emplea palabras clave.

4.
Constituye y mantén una red de calidad.

5.
Regístrate en varias redes.

1. Sé transparente y destaca lo que sea necesario

De la misma manera que no resulta fácil redactar nuestro CV, describir nuestra experiencia profesional en LinkedIn tampoco lo es. Aquí, lo más importante es no inventarse experiencias falsas. Más allá de lo deshonesto de tal comportamiento, los reclutadores tienen los medios para verificar rápidamente esta información, algo que te situaría en una vergonzosa situación. Sin embargo, ser transparente no significa que tengas que decirlo todo.

- Aprende a hacer énfasis en experiencias relevantes en las que destaques y en las cuales serás juzgado positivamente. Por lo tanto, deja a los demás a un lado.
- Apóyate en tus puntos fuertes vinculados con el puesto que buscas, en aquello que pueda marcar la diferencia en comparación con el resto de candidatos.
- Por otra parte, guárdate la información personal para ti: no la pongas en las redes sociales o configura los parámetros de privacidad.

2. Actualiza constantemente tu perfil

Si tus perfiles de LinkedIn, Facebook o Twitter parecen inactivos, los reclutadores se harán preguntas sobre tus motivaciones. En las redes sociales, en términos de búsqueda de trabajo, eres un producto. Y el único embajador de este producto eres tú mismo. La actividad en las redes sociales se asemeja cada vez más a los principios del *marketing*: hay que saber venderse. Para ello, debes actualizar tus perfiles con regularidad.

- Por un lado, tu perfil será mejor referenciado por Google.
- Por otro lado, dará credibilidad a tu presencia.
- Al actualizar regularmente tu perfil te posicionas como un profesional, atento a la realidad y a las nuevas tendencias de tu sector. Le das vida a tu perfil.

En LinkedIn también tendrás que cuidar el título que elijas y la descripción, que deberá ser atractiva para llamar la atención del reclutador.

3. Utiliza las palabras clave adecuadas

Cuando comuniques tus competencias, tienes que saber detectar las palabras clave más utilizadas en tu ámbito. A veces se omiten ciertas palabras clave que en realidad son muy empleadas, y por tanto muy solicitadas en el sector en el que nos interesamos, por lo que ¡sería una pena privarse de esta ventaja!

Utiliza términos técnicos y específicos de la

industria. Un reclutador, al buscar perfiles específicos en LinkedIn, nunca escribirá en su barra de búsqueda «Solicitante de empleo». Así que recuerda ser lo suficientemente preciso sobre lo que estás buscando. No obstante, no olvides ser tú mismo y darle un toque personal a tu descripción, especialmente en LinkedIn o Twitter. Intenta diferenciarte de los perfiles que tienen el mismo formato y que a menudo aburren a los reclutadores.

- Al seguir siendo tú mismo, te asegurarás de tener más posibilidades de recibir ofertas más adecuadas para ti, dependiendo de tus afinidades.
- No dudes en completar las competencias que no has podido especificar en tu CV. LinkedIn te ofrece esta libertad adicional.

4. Elige meticulosamente a tus contactos y habla con ellos

Cuando estás construyendo gradualmente tu red, es importante que escojas cuidadosamente a tus contactos y que no invites a todo el mundo. Elije primero a las personas que conoces personalmente y envíales un mensaje personalizado, y no uno predefinido (que podría desalentar al receptor). A continuación, en lo que se refiere a los contactos de tus contactos, invita tan solo a personas que transmitan un contenido pertinente e interesante relacionado con tu ámbito. Así crearás una red de calidad. Finalmente, no te contentes con emitir información: comenta lo que escriben los demás (sin dejar de ser pertinente). Solo así, hablando con los demás y comentando sus actividades, construirás buenas relaciones. De nuevo, de lo que se trata es de ser activo y atrevido.

5. Regístrate en varias redes sociales

Sería un error contar tan solo con una red social. Al multiplicar tu presencia en las diferentes redes, aumentarás lógicamente tus contactos y, sobre todo, tu visibilidad. Facebook, Twitter, LinkedIn, Viadeo, etc.: estas redes generalistas son excelentes métodos para conseguir contactos.

EVITA DAR PASOS EN FALSO

En la era digital, solicitar trabajo en línea puede parecer muy sencillo: ya no es necesario copiar muchas cartas manuscritas y enviarlas por correo. Bastaría con «cuidar» tu reputación en las redes sociales y enviar correos electrónicos como carta de motivación. Pero es fácil caer en la trampa de la dejadez y cometer errores evitables. Estos son algunos pasos en falso que debes evitar al buscar trabajo a través de internet.

Las peticiones de amistad intrusivas en Facebook

Crear una red de amigos en Facebook está muy

bien, pero asegúrate de que no quieres conectarte con cualquiera. ¿Acabas de ver una oferta de trabajo que se corresponde con tus deseos? Envía una carta de motivación formal con tu CV, pero, sobre todo, no intentes añadir a la persona de contacto a Facebook. Esto podría ser considerado intrusivo e inapropiado y te haría perder puntos.

- Considera Facebook como una red social mucho más personal que LinkedIn o Twitter. Ya deberías conocer a la persona antes de hacerte su amiga en Facebook.
- «Seguir» a alguien en LinkedIn o Twitter puede hacerse con mayor libertad.
- Sin embargo, puedes perfectamente hacer clic en «Me gusta» en la página de Facebook de la empresa para la que solicitas un empleo: así, muestra interés por la empresa sin ser intrusivo. Sin embargo, esto no será suficiente para que destaques.

Insistir demasiado por correo electrónico

¿Acabas de enviar tu currículum vitae y tu carta de motivación en respuesta a una oferta, pero después de tres días el reclutador aún no te ha contestado? Evita pedir noticias demasiado pronto. A menudo, los procedimientos de reclutamiento llevan tiempo. Enviar recordatorios es inútil, y te hará parecer impaciente. Si después de dos o tres semanas aún no has recibido una respuesta, puedes contactar con la empresa para saber si el proceso de reclutamiento avanza, pero no te muestres demasiado insistente.

No ajustar los parámetros de privacidad en Facebook

Si dejas tus fotos o tu último estado de Facebook públicos, todo el mundo podrá verlos, incluyendo tu última sesión de bronceado y lo que hiciste la otra noche, inmortalizado por un amigo sin que tú te enteraras. Para evitar revelar estas partes de tu vida privada, que no resultan muy profesionales a ojos de un reclutador, asegúrate de ajustar la configuración para que solo tus amigos tengan acceso estos contenidos.

muestra sobre ti refleje una imagen sobria y profesional (estudios y ciudad de origen, con una foto de perfil en la que salgas bien pero que se mantenga dentro de los límites de la neutralidad).

Escribir estados personales en Twitter

Son pocos los que piensan en hacer privada su cuenta de Twitter. Por lo tanto, si compartes tus estados de ánimo en esta red social, cualquiera puede acceder a ellos. Incluido el director de recursos humanos con el que acabas de tener (o tendrás) tu entrevista. Incluso si la persona en cuestión no te sigue. Puedes dejar tu perfil abierto al público pero, en este caso, te aconsejamos que publiques solo estados relacionados con tu dominio profesional, o que al menos no expresen tus quejas o hablen de tus asuntos del corazón. No moderar tus palabras podría resultarte perjudicial.

LAS REDES SOCIALES TRANSFORMAN LAS ENTREVISTAS DE TRABAJO

Todo este trabajo de implicación en las redes sociales que acabamos de detallar es esencial, porque tu presentación y tu reputación en internet puede ahora orientar el desarrollo de una entrevista de trabajo.

- Antes de la llegada de las redes sociales, los reclutadores tenían pocos medios para informarse sobre un candidato. Por lo tanto, la entrevista de trabajo era el paso decisivo en el proceso de selección.
- Ahora, los empleadores pueden tener una idea de tu personalidad, de tus intereses y de tus competencias en un ámbito incluso antes de conocerte. En otras palabras, siempre y cuando estés presente en la esfera social de la red, el empleador ya sabe mucho sobre ti.
- Las redes sociales cambian las reglas de las entrevistas de trabajo: permiten a los reclutadores ser más directos, preguntar al candidato sobre un punto específico o sobre una de sus actividades en una red social, hablar direc-

tamente sobre lo que les interesa de ti, etc. De ahí el interés de participar en las redes de manera correcta. De así hacerlo, llegarás a la entrevista con una clara ventaja.

En pocos años, uno podría incluso imaginar que la entrevista de trabajo sería la expresión concreta de una relación establecida a través de las redes sociales. Atención, porque de ahí a pensar que el proceso de reclutamiento solo tiene lugar en las redes sociales es un gran paso que aún no se ha franqueado. Los intercambios virtuales nunca reemplazarán un encuentro, pero pueden influir fuertemente en el mismo.

LOS MEJORES CONSEJOS

- No esperes a haber concluido tus estudios o a decidir cambiar de orientación profesional para empezar a ser activo en las redes sociales. Hazlo lo antes posible, y mantén un nivel de actividad.

- Prueba a escribir tu nombre en Google, como si fueras el reclutador. ¿Los resultados que aparecen te convienen? ¿Qué te gustaría cambiar? Esta es una buena manera de autoevaluarte y de ser consciente de la imagen que reflejas.

- Borra o pon en privado todos los datos personales en las redes sociales que podrían resultar perjudiciales en la óptica de la búsqueda de empleo (fotografías, estados, etc.). Tanto en Twitter como en Facebook, ajusta tus parámetros de confidencialidad para que tu imagen pública sea positiva y profesional. En resumen: separa tu vida privada de tu vida profesional.

- Completa tu perfil de LinkedIn tanto como puedas. Detalla tus competencias, tus experiencias profesionales, tus actividades y tus proyectos actuales. Al contrario de lo que sucede en Facebook y en Twitter, el interés de LinkedIn es puramente profesional, así que aprovecha para ser exhaustivo.

- En LinkedIn, elige una foto profesional que case bien con el sector al que te diriges. Cuida tu título, tu descripción y utiliza las palabras clave adecuadas. No olvides que se trata de un escaparate.

- Al contrario de lo que sucede en un CV, una red social permite crear vínculos hacia tu actividad, hacia un blog (si lo tienes), hacia un artículo que hayas escrito o hacia cualquier otro proyecto. Esto da cuerpo y refuerza tus palabras. Por lo tanto, no dudes en crear vínculos hacia tus proyectos para ilustrar tus competencias. Estos detalles tranquilizan a los reclutadores en lo que a la veracidad de tu presentación se refiere.

- En estas redes, no dudes en hablar con la gente, con las empresas, en comentar, dialogar, abrir debates, compartir información, compartir tus proyectos, etc. Así es como crearás vínculos con otras personas y estas los crearán contigo. No olvides mostrarte siempre educado y pertinente en tus intervenciones.

- Tuitea con profesionalidad. Cuando lo hagas, dedica la mayor parte de tus tuits al sector que te interesa, o retuitea mensajes de usuarios o de empresas que te parezcan interesantes.
- Reacciona con rapidez a ofertas de empleo que veas en las redes sociales. Esta también es una forma de demostrarle al reclutador tu capacidad de respuesta. Evita superar los dos días para responder a un anuncio.

PREGUNTAS FRECUENTES

¿EN QUÉ REDES SOCIALES TENGO QUE REGISTRARME?

Lo mejor es diversificarse lo más posible y registrarse en las redes sociales generales, como Facebook, Twitter y LinkedIn. Esto te permitirá multiplicar tus contactos. Piensa también en Google+ y Viadeo, e incluso en Pinterest, Instagram o YouTube si tu proyecto profesional se presta a ello.

Además de esto, se recomienda registrarse en redes más específicas y especializadas según tu dominio. Estas redes sectoriales pueden ser útiles si dispones de un perfil muy específico, pero también lo son para los reclutadores, que podrán orientar mejor sus búsquedas.

¿CON QUÉ REDES TENGO MÁS POSIBILIDADES DE DARME A CONOCER?

¡Con todas! De ahí el interés de multiplicar tu presencia. Pero es cierto que, en principio, redes como Facebook y Twitter no tienen una función profesional. Su vocación principal no es la búsqueda de empleo. Te servirán más bien para crear una red, una comunidad, y para dar a conocer tu interés en este o aquel campo, así como tus diversos compromisos en uno u otro proyecto. LinkedIn, por su parte, fue creado con fines puramente profesionales, por lo que los reclutadores están aún más presentes que en el resto de redes sociales. ¡Privilégiala!

¿TODAS LAS REDES SOCIALES SON SERVICIOS GRATUITOS?

Sí, en teoría. Pero LinkedIn, por ejemplo, ofrece un servicio de pago a los usuarios para estar mejor referenciados y aumentar su visibilidad entre los reclutadores, y un mismo servicio para las empresas, con el objetivo de mejorar su visibilidad entre los candidatos. Las suscripciones «platinium» permiten así que los candidatos que las utilizan aparezcan en la parte superior de la lista cuando presentan su candidatura. Para contrarrestar esto con la versión gratuita, y para permanecer bien posicionado, es muy importante utilizar las palabras clave específicas de tu dominio en tu descripción.

¿QUÉ HAGO SI NO HE ESTADO PRESENTE EN LAS REDES SOCIALES HASTA AHORA?

Registrarte lo antes posible. No te preocupes, no hay nada perdido pero, a día de hoy, un candidato que no está presente en ninguna red social puede fácilmente encontrarse en desventaja. Esta ausencia podría dejar entrever una falta de involucración, o incluso que parezca que no estás interesado en el mundo que te rodea y, por lo tanto, desalentar al reclutador antes de leer tu CV. Esto es tanto más cierto cuando hablamos de ámbitos como la comunicación, el periodismo, el *marketing*, la publicidad o el mundo audiovisual. Aquí, tu presencia en línea es casi obligatoria.

¿UNA GRAN IMPLICACIÓN EN LAS REDES SOCIALES ME PERMITIRÁ POR SÍ SOLA ENCONTRAR TRABAJO?

Por supuesto que no. Por desgracia, no existe una fórmula mágica, a no ser que tengas muchísima suerte. Los procedimientos de contratación clásicos siguen vigentes. No obstante, tu actividad en las redes sociales solo puede ser beneficiosa a largo plazo. Te permitirá aprovechar ciertas oportunidades, ampliar tus contactos y, de esta manera, labrarte un nombre.

¿REALMENTE LOS RECLUTADORES VAN A VER MIS PERFILES EN LAS REDES SOCIALES?

Sería difícil demostrar que todos lo vayan a hacer. Sin embargo, está claro que una gran parte de los reclutadores se valen hoy en día de las redes sociales para analizar más profundamente el perfil de un candidato, y escudriñar información antes de una posible entrevista de trabajo.

¿QUÉ ES LA REPUTACIÓN EN LÍNEA?

La reputación en línea es simplemente la reputación de una persona en la red, es decir, su reputación digital. Se trata de la imagen que los usuarios de internet se crean de una persona en función de su presencia en línea. Por tanto, es muy importante que la controles para que no refleje tu personalidad de manera equivocada.

¡AHORA ES TU TURNO!

¿Cómo encontrar trabajo gracias
a las redes sociales?

Sé visible, muéstrate activo e
implícate en las distintas redes.

Construye tu red, elige a tus relaciones y
mantén el contacto con ellas, comparte
información y habla con los demás.

Cuida tu perfil, tu presentación y la imagen
que reflejas.

Infórmate sobre las empresas	Sé trasparente	Actualiza constantemente tus perfiles	Utiliza las palabras clave adecuadas

Evita los pasos en falso más comunes.

¡Tu opinión nos interesa!
¡Deja un comentario en la página web de tu librería en línea,
y comparte tus favoritos en las redes sociales!

PARA IR MÁS ALLÁ

FUENTES BIBLIOGRÁFICAS

- Anna, Jean-Christophe. 2013. *Job et réseaux sociaux. Connectez-vous*. París: Hachette.

- Bréau, Adèle. 2012. "Les faux-pas fatals de la recherche d'emploi 2.0". *Terrafemina*. 20 de mayo. Consultado el 28 de noviembre de 2017. http://www.terrafemina.com/emploi-a-carrieres/actu/articles/13575-les-faux-pas-fatals-de-la-recherche-demploi-20.html

- Grégoire, Émilie. 2014. "Facebook, gérer sa vie privée quand on cherche un emploi". *Cidj.com* Junio. Consultado el 9 de enero de 2016. http://www.cidj.com/trouver-un-emploi-avec les-reseaux-sociaux/facebook-gerer-sa-vie-privee-quand-on-cherche-un-emploi

- Grégoire, Émilie. 2014. "Les réseaux sociaux modifient les entretiens de recrutement". *Cidj.com*. Junio. Consultado el 15 de enero 2016. http://www.cidj.com/trouver-un-emploi-grace-aux-reseaux-sociaux/en-quoi-les-reseaux-sociaux-changent-ils-l-entretien-d-embauche

- Grégoire, Émilie. 2014. "Se constituer un réseau grâce à Facebook, Twitter, Viadeo ou LinkedIn". *Cidj.com*. Junio. Consultado el 9 de enero de 2016.

http://www.cidj.com/trouver-un-emploi-avec-les-reseaux-sociaux/se-constituer-un-reseau-grace-a-facebook-twitter-viadeo-ou-linkedin

- Grégoire, Émilie. 2014. "Utiliser Twitter de manière pro". *Cidj.com*. Junio. Consultado el 8 de enero de 2016. http://www.cidj.com/trouver-un-emploi-grace-aux-reseaux-sociaux/utiliser-twitter-de-maniere-pro

- Grégoire, Émilie. 2014. "Viadeo, LinkedIn, l'importance du profil". *Cidj.com*. Junio. Consultado el 10 de enero de 2016. http://www.cidj.com/trouver-un-emploi-grace-aux-reseaux-sociaux/viadeo-linkedin-l-importance-du-profil

- Perez, Dominique. 2014. "Cinq règles d'or pour doper sa carrière grâce aux réseaux sociaux". *L'Express Emploi*. 5 de septiembre. Consultado el 28 de noviembre de 2017. http://www.lexpress.fr/emploi/conseils-emploi/cinq-regles-d-or-pour-doper-sa-carriere-grace-aux-reseaux-sociaux_1573007.html

- Perez, Dominique. 2014. "Trois conseils pour intéresser les recruteurs sur les réseaux sociaux". *L'Express Emploi*. 12 de mayo. Consultado el 28 de noviembre ed 2017. http://www.lexpress.fr/emploi/conseils-emploi/3-conseils-pour-etre-recrute-grace-aux-reseaux-sociaux_1538255.html

FUENTES COMPLEMENTARIAS

- Chartier, Mathieu. 2013. *Guide complet des réseaux sociaux*. París: First Éditions.

- Lappas, Céline y Jean-Noël Chaintreuil. 2014. *LinkedIn. 101 questions*. París: Diateino.

50MINUTOS.es
Historia
Economía y empresa
Coaching
Book Review
Salud y bienestar
Arte y literatura
EL DIAGRAMA DE ISHIKAWA
LA GUERRA DE PALESTINA DE 1948
DOMINA EL ARTE DEL NETWORKING
¡APRENDER NUNCA ANTES FUE TAN RÁPIDO!
www.50minutos.es

www.50Minutos.es

ISBN ebook: 9782808007016

ISBN papel: 9782808007023

Depósito legal: D/2017/12603/921

Libro realizado por Primento, el socio digital de los editores